P9-CAT-179

¡Encuentra las diferencias!

Alas

Diyan Leake

Heinemann Library
Chicago, Illinois

a division of Reed Elsevier Inc.
Chicago, Illinois

Customer Service 888-454-2279
Visit our website at www.heinemannraintree.com

Designed by Joanna Hinton-Malivoire
Translation into Spanish produced by DoubleO Publishing Services
Printed and bound in China by South China Printing Co. Ltd.

12 11 10 09 08
10 9 8 7 6 5 4 3 2 1

ISBN-13: 978-14329-0547-7 (hc)
ISBN-13: 978-14329-0553-8 (pb)

The Library of Congress has cataloged the first edition of this book as follows:

Leake, Diyan.
[Wings. Spanish]
Alas / Diyan Leake.
p. cm. -- (Áencuentra las diferencias!)
Includes bibliographical references (p.).
ISBN 1-4329-0547-3 (hb - library binding) -- ISBN 1-4329-0553-8 (pb)
1. Wings--Juvenile literature. I. Title.
QL950.8.L4318 2008
591.47'9--dc22
2007026590

Acknowledgements
The publisher would like to thank the following for permission to reproduce photographs: Corbis p. **20**; Creatas pp. **13, 23** middle, **back cover**; FLPA/Minden Pictures/Tom Velo p. **15**; Getty Images/National Geographic p. **14**; Nature Picture Library pp. **18**, **4** (Kim Taylor), **7** (Hann & Jens Eriksen), **8** (Tom Mangelsen), **12** (Kim Taylor); Photolibrary pp. **5** (Richard Packwood), **6** (John Downer), **9** (Tony Tilford), **10** (Tui de Roy), **17** (Tobias Bernhard), **22** (Tobias Bernhard), **23** bottom (Tui de Roy); Photolibrary/Animals Animals/Earth Scenes p. **16**; Photolibrary.Com (Australia)Geoff Higgins pp. **19**, **23** top; Photolibrary/Picture Press pp. **11**, **22**; Photolibrary/Workbook, Inc. p. **21**.

Cover photograph of a bald eagle reproduced with permission of Alamy (Steve Bloom).

Contenido

¿Qué son las alas?

Las alas son una parte del cuerpo.
Algunos animales tienen alas.

Las alas están unidas a los lados del cuerpo.

¿Por qué tienen alas los animales?

Muchos animales usan las alas para volar.

Hay animales con alas que no pueden volar.

Alas diferentes

Hay alas de muchas formas y tamaños.

Esto es un murciélago.

Tiene alas finas.

Esto es un albatros.

Tiene alas largas.

Esto es una abeja.

Tiene alas cortas.

Esto es una vaquita de San Antón.
Sus alas son pequeñas.

Esto es una libélula.

Tiene cuatro alas.

Alas increíbles

Esto es un buitre.

Puede volar muy alto.

Esto es un halcón.

Puede volar muy rápido.

Esto es un colibrí.

Puede batir las alas muy rápido.

Esto es un pingüino.

Sus alas lo ayudan a nadar.

Esto es una mariposa.

Sus alas tienen colores brillantes.

Esto es un cormorán.

Sus alas se secan al sol.

¿Tienen alas las personas?

Las personas no tienen alas.

Tienen pies y brazos.

Las personas pueden usar los brazos para moverse.

¡Encuentra las diferencias!

¿Qué animal usa sus alas para nadar?

Glosario ilustrado

cormorán un ave marina grande y negra

libélula insecto delgado y alargado con cuatro alas

envergadura distancia entre las alas extendidas de un ave

Índice

Notas a padres y maestros

Antes de leer

Hable a los niños de los animales con alas. ¿Han visto algún ave batir las alas y volar? Hable de los animales que tienen alas pero que no son aves (como los murciélagos y los insectos). Lo que hace especial a un ave es que sus alas están formadas por plumas. Hable de los animales que tienen alas pero no pueden volar (como los pingüinos, avestruces, emúes o kiwis).

Después de leer

- Sostenga una pluma y coloque la mano tan alto como pueda en el aire. Suelte la pluma para que caiga suavemente hasta el suelo. Hable a los niños de cómo la pluma es ligera y el aire la sostiene. Explique cómo las aves usan las plumas de sus alas para sostenerse. Deje caer una pelota desde la misma altura y compare cómo cae al suelo.
- Dibuje la silueta de un ave y pida a los niños que le peguen plumas. Pídales que pongan las plumas más pequeñas en el cuerpo y las más largas en las alas. Explíqueles cómo colocar las plumas en la misma dirección.